땀쟁이

붉게
익었다

담쟁이 붉게 익었다

음유시인 류인순 제2시집

도서출판 천우

시인의 말

하늘 멋진 날
오늘은 사랑하기 좋은 날
그대를 마음껏 사랑하고 싶은 날

시는 내 삶에 친구이자 연인이다
2005년부터 공식적으로
문학 활동 시작한 지 어느덧 20년이 흘렀다

밤낮으로 내 영혼 울창한 숲을 거닐며
쉴 새 없이 흘러가는 생각 속의 나를 끌어내어
결을 매만지다 보면 마음 곳간 천국이 되고
작가의 시선으로 바라보는 세상
툭툭 불거져 나오는 소재에 색을 입히고
모양을 만들어 생명을 불어넣어
시를 짓는 일 행복이 아닐 수 없다

펜 하나로 사람을 웃게도 하고
울리기도 하는 게 글의 힘으로
글은 억압된 여러 감정을 토해내고
해소해 주는 카타르시스(catharsis) 역할도 하며
플라시보(placebo) 같은 심리치료 효과도 있다
행복과 불행, 천국과 지옥 모두 마음먹기에 달렸다

오늘도 문학인으로 산다는 자부심으로
나의 바다에 섬 하나 들여놓고
창작의 물줄기 멈추지 않도록
신비로운 자연의 소리에 귀 기울이고
작은 감동과 울림을 건지려
새벽바람에 소스라쳐 이슬방울 털어내는 풀잎과
또 눈 맞출 것이다

담고 있어도 그리운
오늘도, 내일도 변함없을 나의 연인
특히 자연의 아름다움을 곱게 빚어
한 권의 책으로 엮어 나의 두 번째 시집
『**담쟁이 붉게 익었다**』를 설렘으로 세상에 내민다.

2024년 봄, 달빛 내리는 작업실에서

음유시인 가향 류인순

제1부 · 산다는 건

시인의 말

연지에서 _ 13

마음 수리공 _ 14

사랑하는 일 _ 15

꿈 _ 16

두물머리 _ 17

가을 숲에 서면 _ 18

산다는 건 _ 19

마음 뺄셈 _ 20

차를 마시며 _ 21

봄빛 그리움 _ 22

사월의 봄 _ 23

너도바람꽃 _ 24

그날의 바닷가에서 _ 25

조팝나무꽃 _ 26

민들레 _ 27

겨울 채비 _ 28

제2부 · 비비추 보랏빛 향기

호수 _ 33

연리지 _ 34

담쟁이 붉게 익었다 _ 35

로스팅 _ 36

비비추 보랏빛 향기 _ 37

잠 못 드는 밤 _ 38

모닝커피 _ 39

달팽이 사랑 _ 40

비와 그대 _ 41

시계꽃 _ 42

내비게이션 _ 43

그대 고운 내 사랑 _ 44

산국화 _ 45

내 니 올 줄 알았다 _ 46

겨울 바닷가 _ 47

그대와 커피 _ 48

제3부 · 바다에서 별을 낚다

꽃샘추위 _ 51
봄빛 유혹 _ 52
바다에서 별을 낚다 _ 53
배롱나무꽃 _ 54
호수에 걸린 낮달 _ 55
빈집 _ 56
인연의 끈 _ 57
십리대숲에서 _ 58
제비꽃 _ 59
봄 타나 봐 _ 60
동지 팥죽 _ 61
가을 타나 봐 _ 62
양평 형제봉에 올라 _ 63
비 올 징조 _ 64
가을 산책길에서 _ 65
십이월 문턱에서 _ 66

제4부 · 숲에 두고 온 비밀

상사화 _ 69
그래 봄이야 _ 70
숲에 두고 온 비밀 _ 71
못 본 척해야지 _ 72
네잎클로버 _ 73
봄 봄 봄 _ 74
정방 폭포 _ 75
봄날은 간다 _ 76
고장 난 알람 _ 77
노랑어리연꽃 _ 78
친구 _ 79
청보리 _ 80
별 하나 _ 81
첫눈 산행 _ 82
겨울 산에서 _ 83
오븐에 너를 구워야겠다 _ 84

제5부 · 내 마음 오선지

경계선 _ 87

은방울꽃 _ 88

내 마음 오선지 _ 89

비밀 해제 _ 90

시간 도둑 _ 91

아카시아꽃 _ 92

아메리카노 _ 93

406호 병실에서 _ 94

흔들릴 때가 있다 _ 95

겨울나무 _ 96

엘니뇨 _ 97

사서 고생 _ 98

그림자 _ 99

동장군 _ 100

낙엽 밟으며 _ 101

12월 끝자락에서 _ 102

해설 음유시인 류인순의 메타포(metaphor)의 新世界를 꿈꾸는 팔색조의 서정미학(抒情美學) / 김천우 _ 103

제1부

산다는 건

연지에서

한여름 진흙탕 연못에
그윽한 향기 채우고
세상 밝히는 연꽃

티 없이 고고한 얼굴
유연한 그 모습
평화롭고 아름답다

진흙탕에서도 꿋꿋이
피는 꽃, 지는 꽃
열매 맺는 씨방

그게 어디 꽃뿐이랴.

마음 수리공

무심히 길을 걷다
문득 혼자라고 느낄 때
가슴속 찬바람 불지만

이 순간도
세상은 나를 중심으로
쉼 없이 돌고 있음에

내 영혼 뜰 안에
꽃씨 하나 다시 심고
새봄 기다리며

내가 나를 사랑하고
내가 내 마음 데운다.

사랑하는 일

시선 한곳에 두고
온 정성 다해
연 날리는 일이다

너무 풀면 사라지고
너무 세차게 당기면
줄이 뚝 끊어지고 마는

진실한 마음 담아
당겼다 풀었다
정성 다하는 일이다.

꿈

눈에 보이지 않아
날마다 마음으로 만지고

잡힐 듯 말 듯
애타게 밀고 당기며

넌 아직도
문밖에 서성이지만

나의 바다에
섬 하나 들여놓고

너를 맞으려
날마다 등불 밝힌다.

두물머리

남한강 북한강이
천 리 물길 흐르다
혼자는 외로워서
하나로 만났구나

너와 나처럼.

가을 숲에 서면

색색 물감 풀어
숲마다 곱디고운
수채화 그려놓고

내 마음 온도
점점 달콤해져
하릴없이 나댄다

발아래 사각사각
자연이 연주하는
최고의 감성 악기

가을이다
암만 봐도 참 곱다
언제나 너처럼.

산다는 건

겨울 한파 몰아쳐
온 가슴 꽁꽁 얼어
죽을 것만 같았는데

내 안에 단비 내려
새순 돋아나는
연둣빛 봄이 오네요

그래서 또 이렇게
숨 쉬고
한세상 사나 봐요.

마음 뺄셈

세월 따라
얽히고설킨
수많은 인연의 고리

나이 더할수록
버거운 인연들을
서서히 털어낸다

마음이 가벼워야
몸도 가볍고
건강하게 사는 길

마음 곳간에서
하나둘 뺄셈하고
더 가볍게 가볍게

내가 온전히
감당할 수 있을 만큼
딱 그만큼만.

차를 마시며

까닭 없이 외로울 때
생각나는 사람이 있다

마음속에 담으면
한 잔의 차가 되는 사람

닿을 듯 닿지 않는
그대와 나 사이

먼 훗날 그날엔
우리 만날 수 있을까.

봄빛 그리움

어찌
그대 내게
봄빛 그리움으로

하나
둘
톡톡 설렘을 주는가

그대 생각만 해도
내 맘 온통
꽃물 드는 하루.

사월의 봄

벌거벗은 가지마다
연둣빛 새 옷 갈아입고

명주바람 간지럼에
복사꽃 웃음보 터지네

산자락 색칠하는 진달래
잠자던 분홍빛 연정 깨우고

화려한 춤사위로
온 천지 꽃 잔치 열리면

내 가슴에도
그대란 꽃 활짝 피고.

너도바람꽃

겨울 차가운 땅속
무던한 기다림 끝에
봄 밀어 올리는 그대

맑은 햇살이 키워주는
가녀린 모습
곱디고운 하얀 별

찬바람 속에서도
언 가슴 녹여주는
그대는 얼마나 뜨거울까

내 가슴 햇살로 피는
너도바람꽃
벌써 봄이 환하다.

그날의 바닷가에서

에메랄드빛 위로
무심한 듯
햇살이 비치는 순간
너무 눈부셔 서러운
미련의 잔가지들

수평선에 걸어놓고
밀고 당기니
하얀 포말이
내게 말을 걸어온다

비워내라
비워야 담긴다

가슴속 거센 파도
드넓은 해안에
오롯이 내려놓고

바람의 환상곡에
온몸 묵묵히 맡겨
유유히
나의 길을 걷는다.

조팝나무꽃

봄이 농익을 즈음
긴 가지마다
하얀 별 소복이 내렸다

순결한 아름다움
더없이 화사해도
관심받기 힘든 꽃

겉모습 연약해도
알고 보면
달콤한 향기 가득 차

한 사람
가슴 지피기에 충분하다
너 하나로.

민들레

홀씨로 나풀나풀
바람 무동 타고
양지바른 들판에 내려앉아

야금야금 햇살 먹고
뿌리 깊숙이 내려
노랗게 꽃 피웠다

밤낮으로 그리운
일편단심 그대 생각에
어느새 하얀 머리

저 하늘 훨훨 날아
그대 뜰 안에 내려앉아
다시 꽃 피울 꿈 꾼다.

겨울 채비

계절 알람에
농익은 색색 단풍
하나둘 잎 떨구어
칼바람 맞설 채비 하고

가로수 은행나무
춤추는 소슬바람에
파르르 떨며
노란 보석 떨구고 있다

비단 같은 억새
겨울바람에 꺾일세라
낭창낭창 온몸 흔들어
다이어트 시작하고

가을은 보따리 싸서
떠날 채비 한창인데
어느새
겨울이 힐끔거리니

내 영혼 뜰 안엔
온기 채우려
햇볕보다 따뜻한
너를 들여놓는다.

저 하늘 훨훨 날아 그대 뜰 안에 내려앉아
다시 꽃 피울 꿈 꾼다

제2부

비비추 보랏빛 향기

호수

윤슬 반짝이는 호수
무시로 바람 불면
소리 없는 몸짓으로
가만가만 찰랑이고

드넓은 호숫가에
나 홀로 서서
분홍빛 연가
속으로 삼키는데

임 그리는 내 맘처럼
얼마나 깊고 깊은지
구름이 빠져 있고
하늘까지 빠져 있네.

연리지

해 뜨고 달 뜨고
천년 바람 속에서도
묵묵히 자리 지키며

뼛속까지 시려오는
혼자라는 외로움에
곁눈질로 익은 사랑

손 내밀어 닿는 곳
밤낮으로 곁에 서서
서로 상처 보듬으며

간절한 마음 맞닿아
뗄 수 없는 운명으로
하나가 된 사랑이여.

담쟁이 붉게 익었다

봄날 희망 하나 안고
가파른 담벼락
밤낮 쉼 없이 오르네

삶의 길
고지를 향해 묵묵히
오르고 또 오르네

한여름
뜨거운 열기 세찬 폭우
악착스레 견뎌내고

이 가을
붉게 익은 그 모습에
뜨거워지는 내 심장.

로스팅

생두를 세게 볶을수록
달콤한 향은 옅어지고
커피에 쓴맛만 커지듯

사랑도 세게 볶을수록
달콤한 마음은 옅어지고
쓰디쓴 상처만 커진다

생두이든 사랑이든
최상의 맛을 보려면
로스팅은 딱 거기까지만.

비비추 보랏빛 향기

비비추 보랏빛 향기
삼복더위 즈려밟고
여름 뜨락에
꽃대 올려 빗장 풀었다

진초록 잎 사이
관심 받기 힘들어도
수수한 모습으로
싱그런 향기 품은 꽃

하늘이 내린 인연
곱디고운 그대 닮아
내 가슴 온통
보랏빛 행복 물들이고

여름 한가운데 서서
비비추 나팔 불며
매미 울음소리
조곤조곤 줍고 있다.

잠 못 드는 밤

밤 빗소리에
토닥토닥 자장가 삼아
잠 청해 보려는데

빗소리에 붙잡혀 온
오만가지 생각 줄기
끝도 없이 대롱대롱

이리 뒤척 저리 뒤척
생각 줄기 너를 잡고
밀고 당기다 보니

오늘도 어느새
부지런한 새벽이
기지개 켜고 일어나네.

모닝커피

나의 하루를
가만히
열어 주는 열쇠

비 오나
눈 오나
바람 불어도

내 하루 출발선
정신 줄 잡아 주는
넌 나의 껌딱지.

달팽이 사랑

당신에게 가는 길
서두르지 않으렵니다
그러나 쉬지도 않겠습니다

느릿느릿 갈 수밖에 없지만
내 온몸 혼신을 다해
한 걸음 한 걸음 다가가겠습니다

가다가 지쳐 쓰러져
한 줌의 진토로 변할지라도
당신에게 가는 길 멈추지 않겠습니다

가는 길이 힘들고 험난해도
쉬지 않고 가야 할 까닭은
내 사랑은 오직 당신뿐이니까요.

비와 그대

그대는 참으로
놀라운 재주가 있네
내가 머무는 곳
주소도 모르면서

여름날 소낙비
장대 빗속을 뚫고
내 맘속에
쏜살같이 달려오네.

시계꽃

한여름 태양을 향해
목젖까지 보이며
함박 웃는 시계꽃

열 폭 치마 위에서
시침 분침으로
쉼 없이 똑딱똑딱

딱 하루 피고 지는
꽃 진 자리
달콤한 사랑 열리네

하루를 천년같이
우리의 시간
천천히 돌았으면.

내비게이션

쉽게 알 수 없는
미로 같은 길 뚫고
그대에게 가는 길

앗, 이런
잠깐 한눈팔아
경로 이탈했네

정신 줄 다시 잡고
재탐색해서
앞만 보고 달려가는

나의 최종 목적지
사랑하는
그대에게 가는 길.

그대 고운 내 사랑

산길 오르다 만난
보랏빛 향기 머금은
청초한 도라지꽃 하나

별 속에 별이 담긴 듯
대낮에도 눈부신 모습
내 사랑 그대 닮았네

꽃인 듯 임인 듯
내 가슴 별로 담긴
그대 고운 내 사랑.

산국화

산기슭 돌 틈 사이
은은한 향기로
청초하게 핀 노란 산국화

한 송이 똑 따서
곱게 곱게 말리면

추운 겨울 마주한
그대와 나 사이
향긋한 꽃차로 다시 피겠지.

내 니 올 줄 알았다

갈바람 불면
가슴팍 숭숭
바람 소리 난다고 했지

텅 빈 가슴
진한 에스프레소 한 잔에도
마음 말랑해지는 곳

상처 난 옹이에
단풍 다붓이 내려앉아
살살 어루만져 주고

솔바람 청아한 노래에
구름도 쉬어 가고
바람도 머물다 가는 곳

오색 물결 춤추는
가을 숲속 카페에
내 니 올 줄 알았다.

겨울 바닷가

겨울 동해 바닷가
찬바람이 날 세워
훅 찌르고 달아난다

그대와 거닐던
이 바닷가 파도
오늘 유독 쓸쓸하다

잠시의 시간 어느새
수많은 결로 흘러
그댈 아득히 잊은 줄 알았는데

한 발 두 발 걷다 보니
가는 곳마다
추억이 발길에 차인다.

그대와 커피

아침엔
모닝커피 한 잔

비 오는 날엔
분위기 타서 한 잔

햇살 맑은 날엔
기분 좋아서 한 잔

내가 커피를 좋아하는
수많은 까닭에

나의 일상에 단 하루도
커피를 뗄 수 없네

내 안의 그대처럼.

제3부

바다에서 별을 낚다

꽃샘추위

달달한 아침 햇살에
봄인가 하고
속적삼 바람으로
빼꼼히 문 열어보니

어이쿠 깜짝이야
엎드려 숨어 있던 겨울
벌떡 일어서서
와락 목덜미 걸머잡네

해마다 너의 심통에
몸살감기 앓았는데
아뿔싸,
올해 또 당했네.

봄빛 유혹

지금 난리가 났습니다
봄이란 놈이
올해도 잊지 않고 찾아와
새벽부터 문 두드리고 있습니다

꽃샘추위 허리춤에 감추고
문 앞에서
감미롭게 속삭이며
밖으로 나오라고 하네요

창가에서 쉼 없이
유혹의 손짓 보내니
속는 셈 치고
한 번 나가 봐야겠습니다.

바다에서 별을 낚다

이 세상 소풍 나와
지나는 길목마다
낚싯대 길게 뻗어
수 없이 낚은 욕심

바닷가 백사장에 앉아
낚싯줄도 미끼도 없이
빈 낚싯대 드리우고
쉼표 하나 찍으며

걸머쥔 욕심 풀어
깊은 바다 수평선 너머
하나둘 날려 보내
툭툭 비워 낸 자리

대낮에도 눈부시는
별 하나 건져 담으니
아,
이게 바로 천국이구나.

배롱나무꽃

바람까지 숨죽이는
여름 숲에 들어서니
초록 세상에 저 홀로
가지마다 꽃등 매달고
수줍은 새색시 미소로
임 오실 길목에서
백 일 동안 피고 지고

바람결에도 간지러워
석 달 열흘
사락사락 춤사위에도
분홍빛 여린 주름
끝내 펴지 못하고
속절없이 쓰러져가는
여름날의 향기여.

호수에 걸린 낮달

마장 호수 위에
속살 찌우는 상현달
눈으로 살며시 당겨
겨울나무 빈 가지에
아스라이 올려보고

꿈속의 임 보듯
두 눈에 가득 담아
가지 끝에 매다니
해맑은 임 얼굴 닮은
꽃 한 송이 열리네

넌지시 눈길로 낚아
우듬지 위에 살포시
올렸다 내렸다
꽃인 듯 임인 듯
가슴에 안기는 낮달.

빈집

한 때는
사랑으로 왁자지껄
행복한 네 모습에
비 오나
눈 오나
묵묵히 지켜주었건만

하나둘
꿈 찾아 떠난 뒤
덩그러니 남아
바라보는 동구 밖
하루해 길기만 한데

한번 떠난 넌
쉬 돌아올 줄 모르네.

인연의 끈

만나야 할 인연은
먼 길 돌고 돌아서도
끝내 만나더라

정말 그렇더라
인연의 힘은
장벽도 소용없더라

한 줄기 지나가는
그냥 그런
바람인 줄 알았는데

그대 고운 이름으로
내 영혼 울창한 숲에
자분자분 들어와

오색실 한 땀 한 땀
정성 다해
튼실하게 수 놓더라

인연은
가시덤불에 걸어놔도
끝내 꽃 피우더라.

십리대숲에서

눈 가고 마음 가고
발길 닿는 곳
온통 대나무 숲이다

일상에 지친 영혼
삶에 충전이 필요한 날
청청한 그곳에 간다

대숲 사이 길게 뻗은
산책길 걷다 보면
바람에 댓잎 사각사각

태화강 십리대숲에서
무상무념으로
나도 한 그루 대나무가 된다.

제비꽃

햇살 고운 봄날
보랏빛 얼굴로
모록모록 앉아서

튀지 않는 모습으로
보일 듯 말 듯
앙증맞게 미소 짓는

순진한 사랑
너를 볼 때면
나도 몰래 몸 낮춘다.

봄 타나 봐

이 화창한 봄날
창밖에 시선 두고
멍하니 서 있으니

설핏설핏 스치는
푸른 추억
살포시 안겨 오고

눈 부신 햇살에
까닭 없이
눈물 나는 건

보고픈 그대가
내 속 뜰에
숨어 살기 때문이야.

동지 팥죽

동지 팥죽 그릇에
새알심 동동

나이만큼 먹는다는
옛 어른 말씀

어릴 적엔
엄마 나이 대신 먹었죠

이젠 한 알
슬쩍 덜어내면

내 나이
한 살 더 젊어지려나.

가을 타나 봐

댓잎에 서걱대는
갈바람 한 줄기가
마음의 빗장 열어
공허한 가슴에 술을 붓는다

쓸쓸하면 쓸쓸한 대로
외로우면 외로운 대로
가을에 취하고 취해
추억과 지새우는 긴 밤

속절없이 몸살 앓는
나의 계절은
또 이렇게 익어간다.

양평 형제봉에 올라

하늘에 솜사탕 띄우고
두물머리
눈으로 당겨 보는 곳

한 손으로 가려지는
저 아래 세상에서
아옹다옹 덧없어라

솔가지에 오도카니
뜬금없이 앉은 공룡
쉬어가라 속삭이네

생방송인 삶의 무대
지휘자도 연주자도
오롯이 내 몫인데

달음질하는 시간 속
쉼표 하나 찍고 가자
인생은 긴 여행이다.

비 올 징조

고질병 아픈 어깨
어쩐지
더 심해지더니

대청마루 우리 할머니
신경통
도진다 하시네.

가을 산책길에서

가을 산책길에
마실 나온 건들바람
은행나무 툭 건드려
나비처럼 팔랑팔랑
노란 비 뿌려 주니

그 옛날 학창 시절
책갈피에 묻어 둔
곱디고운 추억이
배시시 웃으며
가슴에 와락 안기네.

십이월 문턱에서

길 떠나는 가을이
아무리 싫다 해도
나이에 보태라며

더해진 숫자 하나
슬며시 밀어주고
저만치 달아나네

천천히 떠나라고
아무리 꼬드겨도
잰걸음에 가버리네.

제4부

숲에 두고 온 비밀

상사화

너에게 닿고 싶어
일찌감치 서둘러
언 땅 뚫고 나오고

너에게 닿고 싶어
따가운 햇볕 뚫고
꽃대 올려 보지만

영원한 평행선으로
영원한 그리움으로
영원한 상사병으로.

그래 봄이야

보드란 바람결에
괜스레 설레는 맘

언 땅속 웅크렸던 꿈
하나둘 꿈틀거리네

겨우내 언 가슴
시나브로 풀리고

그래 이젠 봄이야
희망의 꽃대 오르는.

숲에 두고 온 비밀

가을 설악산 중턱
울산바위 가는 길
숲에서 만난 돌탑 하나

하나둘 그 누군가
비밀스러운 소망
아슬아슬 쌓아 놓았네

인생길 길목마다
수 없이 낡은 욕심
비우고자 떠난 그날

켜켜이 쌓은 소망
묵직한 돌탑 위로
또 다른 소망 올라가고

툭툭 비워 낸 자리
아뿔싸,
욕심 하나 또 담았네

비밀스러운 나의
작지만 큰
그 무엇보다 간절한.

못 본 척해야지

봄 햇살이 넉살 좋게
춘삼월 머리채 잡고
문 열고 훅 들어오네

지난해
매정하게 떠나더니
또다시 찾아와
그리움 하나 툭 던지고

다시 봄을 타는 건지
물기 젖은 사연 하나
온 가슴에
대롱대롱 매달리네

봄이 또다시 실실대며
맞장 뜨자 덤벼드니
앗, 이런
못 본 척 눈 감아야지.

네잎클로버

공원 산책로
토끼풀밭에 쪼그려 앉아
행운 준다는
네잎클로버 찾는 사람

네 잎은 행운이고
세 잎은 행복이라

온 시선 집중해서
행운 하나 찾겠다고
이리저리 뒤적이네
눈앞에 행복 못 본 채.

봄 봄 봄

뭉쳐 있던 찬바람
눈 부신 햇살이
살살 비벼 풀어주니

사륵사륵 봄 향기
창가에서
나풀나풀 춤추고

살며시 다가와
어깨 툭툭 건드리는
명주바람 유혹에

뽀송뽀송한
봄 향기 끌어안고
하루를 뒹굴었다.

정방 폭포

한라산자락 돌고 돌아
서귀포 계곡을 지나
세상사 뭇 사연 담아
바다에 몸 풀러 가는 길

시냇물로 졸졸 흐르다
어이쿠,
갑자기 벼랑 끝
사정없이 툭 떨어지네

온 정신 아득하고
심장 쿵쾅거리는데
하얀 비단 내린다며
환호성 지르는 그대여

어제도, 오늘도
먼 훗날 그날까지 변함없을
내게로 다시 와요
그대 쉼 필요할 때.

봄날은 간다

꽃 피고 새 울어
봄인가 하고
꽃단장하고 나섰더니
그새 봄꽃 지고

갈수록 짧게 느껴지는
봄 봄 봄
나른한 긴 하품 끝에
또 스치듯 달아난다.

고장 난 알람

가을과 겨울 사이
깊은 산 뜬금없이
홀로 핀 진달래꽃

서릿바람이 툭 건드니
가냘픈 몸 파르르 떨며
힘겹게 견디고 있다

고장 난 계절 알람
제멋대로 울려대니
너 또한 헷갈렸을 터

사람 눈길 뜸하다고
홀로 외로이 서 있다고
주눅 들지 말지어다

찬 서리 내려
너의 몸 생채기 나기 전
내 눈에 오롯이 담았다

누가 뭐래도
한 가슴 꽃물 들였으니
네가 온 명분 충분하다.

노랑어리연꽃

노랑별 옹기종기
여름날 덕수궁 연못에
별들의 축제 열렸다

초록 비단 위에
긴 목 빼고 살랑살랑
춤추는 물 위의 요정

가슴에 별로 담긴
너를 보는 듯
눈부시게 곱다.

친구

차 한잔에 추억 타서 마시며
서로 안부 묻고 무탈함을 알리고
눈빛만으로도 통하는
진실한 친구가 있어서 좋다

시간의 흐름도 잠시 붙들고
학창 시절 별명에도 깔깔웃음으로
한없이 수다 떨어도 흉 될 것 없는
언제나 편안한 사이

살다가, 힘들 때
마주 보는 미소만으로도
서로에게 위안이 되고
손 내밀어 용기를 주는 친구

긴 밤 지새워도 좋을
친구와 수다는 삶의 청량제요
내 영원한 젊음이 거기 살아 있어
세월 흘러도 마음은 청춘인 까닭이다.

청보리

초록빛 물감 풀은
여름 언저리 들판
꿈과 사랑이 자라는
파릇파릇 청보리

부드러운 바람결에
까슬한 얼굴 감싸고
이리 흔들 저리 흔들
춤사위로 노닐며

볕 좋은 들판에서
햇살 야금야금 먹고
푸른 꿈 튼실하게
알알이 키우고 있다.

겨울 산에서

날을 세운 칼바람에
야윈 몸 휘청이는
애처로운 잎새 하나

거센 눈보라에
어깨 마구 짓눌려
때때로 속울음 울지만

꿈꾸는 내일이 있어
칼바람 속에서도
묵묵히 버티고 있네

능선 때리던 매운바람
울다 지치는 날
명주바람 앞세우고

새벽이슬 밟으며
다시 올
연둣빛 봄 기다리며.

오븐에 너를 구워야겠다

대설 칼바람이
이름값 하는 듯
우쭐우쭐 춤추며
겨울 중심에 들어선다

지난 폭염 꼬랑지 물고
더욱 힘을 키워 온 너
애써 외면하려 해 보지만
눈앞에 우뚝 서 있네

이왕지사 찾아온 놈
한겨울 시린 가슴
더 힘들지 않도록
살살 달래봐야겠다

의기양양한 너를
그물에 바람 빠져나가듯
명주바람 어깨너머 사라지게
오븐에 살짝 구워야겠다.

제5부

내 마음 오선지

경계선

하늘 맞닿은 바다
눈으로 선 하나 그어
수평선이라 부르고

하늘 맞닿은 땅
눈으로 선 하나 그어
지평선이라 부르니

그대와 나 사이
마음으로 그은 선 하나
무슨 선이라 부를까

조금만 더 다가서면
모두 한순간에
허물어질 그 경계선.

은방울꽃

연초록 숲이 짙어지면
방울 소리가
향기로 피어나는 꽃

풀숲에 앉아 긴 목 빼고
임 향한 그리움
방울방울 매달고 있네

바람 불면 춤추고
비 오는 날엔
은구슬 눈물 떨구며

임 향한 지순한 마음
나날이 붉게 익어
주렁주렁 등불 밝히네.

내 마음 오선지

마음 맑아 좋은 날엔
한 옥타브 높게 그려
푸른 하늘 날아보고

마음 흐려 힘든 날엔
한 옥타브 낮게 그려
쉼표 하나 찍어 본다

아름다운 선율 속에
숨겨진 엇박자는
화음으로 조율하고

도돌이표 없는 인생길
이왕이면 오늘도
고운 음표 그려 넣자.

비밀 해제

이건 비밀인데
너한테만 말할게

아무한테도
절대
말하지 마!

시간 도둑

어영부영하다
아까운 세월
야금야금 갉아 먹혔다

해가 갈수록
점점 잽싸는
잡히지 않는 시간 도둑

아름다운 소풍 길
도둑 다 맞기 전에
너와 손잡고
부지런히 써야겠다.

아카시아꽃

장대비 내리던
오월 호숫가
코끝 간지럽히는
활짝 핀 아카시아꽃

비 젖었다고
그 향 사라질 리 없는데
뭇사람들
눈길 없이 훅 지나가고

빗속에서도 그 꽃
진실한 향기 머금고
옹골진 사랑 하나
방실방실 키우더라

이젠 너를 볼 때면
가던 길 멈추고
눈 맞춤 한 그 행복
우르르 쏟아지겠다.

아메리카노

한 때는
커피잔에 달콤하게
설탕 넣었는데

살다 보니
입에 쓴 아메리카노
뗄 수 없는 친구네

달콤하든 쓰든
이젠 모두 아는 맛
바로 인생의 맛이네.

406호 병실에서

달음질하는 시간 속에
쉼표 하나 찍고
406호 병실에 들고 보니
창밖에 보이는 세상
온통 꽃이로구나

눈 시리도록 맑은 시월에
가로수도 울긋불긋
색색으로 달리는 자동차
시끌벅적 운동장에도
모든 것이 꽃이었구나

꽃 속에서 꽃인 줄 모르고 살다
병실 창가에서 수많은 꽃 보았네
이젠,
저 둥근 세상 다시 들어가
나 또한 아름다운 꽃 되리.

흔들릴 때가 있다

항해하다 보면
배가 풍랑에
심하게 흔들릴 때가 있다

배가 흔들리는 것도
항해의 일부이듯

내가 흔들리는 것도
삶의 일부이고
살아 있다는 증거다

아무리 센바람도
언젠가는 잦아들 테니
꽃씨 하나 다시 심자.

겨울나무

지난가을
벗어 던진 옷가지에
시린 발목을 덮고
나무들이
오들오들 떨고 있네

겨울 한복판
날을 세운 칼바람에
온몸 맡긴 채
골짜기 사이로
묵은 추억 밀어내고

하분하분 춤사위
눈꽃 핀 가지마다
연둣빛 설렘
움 틔우기 위해
옹골차게 숨 고르네.

엘니뇨

가을 산행길에 만난
분홍빛 진달래꽃

한겨울 담벼락에 핀
봄의 전령사 개나리꽃

여름 길섶에 핀
가을의 상징 코스모스

계절이 제멋대로 출렁대니
나무도 헷갈리고
사람도 헷갈리고
세상이 헷갈리고
모두 제정신이 아니구나.

사서 고생

별빛 내리는
깜깜한 새벽 산길
차가운 바람이
서슬 퍼렇게 달려드네

헤드랜턴 매달고
온몸 촉각 곤두세워
길을 더듬으며
오르고 또 오른다

뜨는 해는
매한가진데
사서 고생하는 사람들

일 년 중
딱 하루
그 해를 보겠다고.

그림자

본디 하나인 내가
가끔은 둘이 된다

햇살 눈 부신 날엔
더욱 신명 나게 졸졸
삼백예순다섯 날
좋다 싫다 내색 없는
또 하나의 나

도무지 뗄 수 없어
이 세상 끝까지 함께 할
우린 숙명적인 관계
미우나 고우나
내가 널 사랑할 수밖에.

동장군

눈바람 어깨 짚고
계절 한가운데 선
우쭐대는 동장군

덩칫값 못하고
슬쩍슬쩍 내 품에
소리 없이 파고든다

너도 추운 게냐.

낙엽 밟으며

떨어지는 낙엽에
발길 멈추고 추억 삼키는 나
그 옆에
빗자루질 바쁜 아저씨

감성에 젖는 이
손길 바쁜 이
가을엔 모두가 아리다

낙엽이 그리움이고
낙엽이 애물단지고

가을엔
내가 누군가에게
그리움이었으면 좋겠다.

12월 끝자락에서

새해 첫날 받아 든
한 해 삶을 그려야 할
빈 도화지 한 장

날마다 알록달록
수많은 이야기로
틈 없이 채워왔네

분홍빛 시작으로
빨강 노랑 파랑까지
그 틈새로 회색도 하나

12월 징검다리 건너
새로 열릴 생방송 무대
더 고운 색 채우려면

곱디고운 장밋빛 물감
하나 더
서둘러 준비해야겠다.

음유시인 류인순의 메타포(metaphor)의 新世界를 꿈꾸는 팔색조의 서정미학(抒情美學)

김 천 우
(사)세계문인협회 이사장, 문학평론가

1. 담쟁이(an ivy)의 철학을 성토하다

음유시인 류인순의 제2시집 발간을 앞두고 강변역 근교 사무실을 방문하던 날, 때 아닌 춘설(春雪)이 도시를 점령하듯 함박눈이 쏟아져 내리고 있었다. 아마도 시인의 언어의 노래가 세상 밖으로 날개를 펼치는 뜻깊은 시절 인연을 기념하는 것 아니었을까. 시집『담쟁이 붉게 익었다』는 제1시집『바람 소리 그리운 날엔』발간 이후 10여 년 동안 공삭혀 왔던 보석 같은 시 세계가 산 넘고 물 건너 숨 가쁘게 달려온 듯 핑크빛 설렘마저 감도는 봄날의 여정 속으로 투영되고 있었다.

2024년 들어 가장 빛나는 시인의 보배로운 또 하나의 면류관이 그녀에게 주어진 음유시인의 아름답고 값진 선물이 아니었나 할 정도로 문학인에게 호칭이란 중요한 달란트라 하겠다. 2016년 노벨 문학상 수상자 밥 딜런의 칭호가 음유시인이다. 문학에서 문화로 진행한 노벨상에 가수 밥 딜런이 선정됨은 노벨 문학상 시대 양상에 맞춰 선정 범위를 확장시킬 발로가 되었으면 하는 바람이다. 그만큼 음유란 서정과 낭만 감성과 풍류와 더불어 자유로운 삶의 향기를 마음껏 누리며 읊는 가인(歌人)의 길을 유영하면서 자신의 역량을 연마하는 시인이라 명명하고 싶다. 이번 두 번째 시집 발간은 단풍 중에서도 가장 화려하고 색의 조화가 예사롭지 않은 갈잎 덩굴나무 담쟁이를 주제로 삼아 시집 제목으로 당당하게 세상에 내놓은 이유가 눈길을 끌고 있다는 것은 시편 속에서 독자들이 판단할 수 있을 것이다.

류인순 시인의 시집 『담쟁이 붉게 익었다』는 5부로 나누어진다. 제1부-〈산다는 건〉「연지에서」 외 16편, 제2부-〈비비추 보랏빛 향기〉「호수」 외 16편, 제3부-〈바다에서 별을 낚다〉「꽃샘추위」 외 16편, 제4부-〈숲에 두고 온 비밀〉「상사화」 외 16편, 제5부-〈내 마음 오선지〉「경계선」 외 16편으로 총 80편의 주옥같은 시 세계는 부마다 쪽수도 들쑥날쑥하지 않고 평행을 이룰 만큼, 시인의 성격과 언어 온도는 평상심을 잃지 않고 온유하고 단아하다고 본다. 언어의 화자는 성품과 가치관, 정신세계를 대변해 주는 자화상이라 생각하면서 시심에 접하면 더욱 이해도가 빠르게 접근할 수가 있다. 시인의 인생화두(人生話頭)에서 피력하고자 한다. "하늘 멋진 날/ 오늘은 사랑하기 좋은 날/ 그대를 마음껏 사랑하고 싶은 날"이라고 시인의 말에서 서두를 꺼내고 있음도 무언의 예시가 있다고 본다. 시인의 시작 공식 활동 시점은 2005년부터 출발하였으니 20여 년의 세월이 절대 헛되지 않았음이 역력히 시편들을 통하여 밝혀두고 있다.

시인에게 詩란 인생에서 가장 소중한 벗이자 연인 같은 소중한 생명수 같은 존재가 아닌가 싶다. 제2시집은 1시집 발간 이후 10여 년의 세월이 훌쩍 지나버린 삶의 공백기를 담담하게 그려낸 자신만의 내공이 깊어지고 있음을 역력히 나타내고 있다고 해도 과언이 아닐 만큼 시의 존재는 가장 친밀하고 가까운 존재라고 본다. 지금부터 담쟁이 붉게 익은 이유가 무엇이었는지를 차근차근 풀어가고자 한다. 「연지에서」 시편부터 첫 관문을 열고자 한다.

한여름 진흙탕 연못에
그윽한 향기 채우고
세상 밝히는 연꽃

티 없이 고고한 얼굴
유연한 그 모습

평화롭고 아름답다

진흙탕에서도 꿋꿋이
피는 꽃, 지는 꽃
열매 맺는 씨방

그게 어디 꽃뿐이랴.

—「연지에서」 전문

첫 서두에서 연꽃의 화자를 서연하게 다루고 있음은 무엇을 말함인가? 생각해보는 관점이 시인의 마음자리를 열고 있다는 뜻임을 증명해 준다. 연지(蓮池)에서 자신을 바라보는 유유자적하고 평화로운 내면세계를 이입시키고자 하는 간절함이 짙게 묻어나고 있음을 말해주고 있다. 진흙탕 속에서도 꿋꿋이 이겨내는 연꽃이 화자를 통하여 현실에서 만나는 삶의 질곡 속에서 거뜬히 헤쳐 나가는 성찰의 모습이 투영된 것이 아닌가. 응원과 박수를 보내고픈 시편이다. 시인이 누에 실처럼 풀어가는 언어의 연금술은 그만의 몰입된 사상과 철학 속에서 자기만의 카테고리(category)로 어떤 목표설정을 위하여 반드시 이루겠다는 집념과 올곧은 정체성에서 뚜렷이 관철해주고 있음이 역력하다. 다음 시편은「마음 수리공」이다.

무심히 길을 걷다
문득 혼자라고 느낄 때
가슴속 찬바람 불지만

이 순간도
세상은 나를 중심으로
쉼 없이 돌고 있음에

내 영혼 뜰 안에
꽃씨 하나 다시 심고
새봄 기다리며

내가 나를 사랑하고
내가 내 마음 데운다.

―「마음 수리공」전문

마음을 수리하는 수리공이라는 표현부터가 의미심장한 시편이 아닌가 곰삭혀 음미해 본다. 인생은 어차피 혼자라는 고독한 이름표가 부여된다. 그중에서도 눈길을 끌고 있는 단어가 대못처럼 박혀오는 것은 왜일까? "이 순간도 세상은 나를 중심으로 쉼 없이 돌고 있음에"라는 알 수 없는 여운이 감도는 그만의 화자 속에 스스로 인생 수리공이 되어 여여하게 살아가고 있는지도 모른다. 그렇다 자신이 아무리 슬픔에 젖고 있어도 세상은 나의 깊은 내면의 상처를 다스릴 수 없으며 치유할 수 있는 아무런 특효약 처방도 없음이다. 오로지 나 자신만이 나를 위한 치유의 약속이요 정신까지도 수리하는 만능 수리공으로 처방전을 선택했을지도 모른다. "내가 나를 사랑하고/ 내가 내 마음 데운다. 로 마침표를 찍고 있으니 말이다.

미래는 예측할 수 없지만 어떤 목표설정을 위한 몫임에는 틀림이 없다. 정상에 오르기까지 무슨 일들이 발생하고 일어날지는 자신도 모를 것이며 하늘만이 결과를 알 수 있지 않을까? 어제도 오늘도 내일도 지금, 이 순간 오늘이 있기까지 음유시인 류인순 시인의 시적 화자는 끊임없이 흘러가는 강물처럼 시를 쓰고 노랫말을 작업하면서 침잠해지는 자신을 다스리고 스스로 직면하면서 당당하고 근사한 자신만의 가치관을 확고부동하게 투영시키고 있음이 역력하다고 생각한다. 류인순 시인은 시와 작사 그리고 지성과 미성 감성 이성의 직관력(直觀力)까지 골고루 갖춘 시인임은 틀림없는 불변의 진리가 아닌가 한다.

자고로 시를 쓰는 작가는 시처럼 음악처럼 아름답고 고귀하면서도 우아한 지적미학까지도 겸비하여야 한다는 뜻이다. 글만 잘 쓴다고 시인이 아니라, 오감을 자극하는 모든 관점을 포함한 넓은 의미의 인격에서도 향유가 된다. 다음에서 다룰 시의 속살을 살짝 열어본다.

눈에 보이지 않아
날마다 마음으로 만지고

잡힐 듯 말 듯
애타게 밀고 당기며

넌 아직도
문밖에 서성이지만

나의 바다에
섬 하나 들여놓고

너를 맞으려
날마다 등불 밝힌다.

—「꿈」 전문

사람들은 누구나 여러 가지 형태의 미래지향적인 이상과 소망하는 모든 일들에 대한 염원의 세계를 그려보며 꿈, 이라는 단어 속에 굴레를 두고 살아가고 있다. 음유시인 류인순의 시편에는 어떤 빛으로 꿈을 조각하는지 베일을 걷어보자. "눈에 보이지 않아/ 날마다 마음으로 만지고/ 잡힐 듯 말 듯/ 애타게 밀고 당기며… 이 대목에서 얼마나 간절한 바람이 시인의 꿈속에서라도 어루만지며 희망의 나래를 펼칠까 하는 생각이 든다. 꿈은 꿈에 불과하지만, 화자의 가슴에 심지를 돋우는 마그마처럼 뜨거운 열정의 도가니는 무엇일까? 의문부호가 밀당을 하고 있음이 분명한 사실이다. 우리네 인간 세상은 단 한 번밖에 살지 않는다지만 자신만의 넓고 미래지향적인 상상의 세계는 무궁무진한 이상의 날개를 훨훨 날고 있음이 역력하게 펼쳐진다.

2. 간결하면서도 단아한 언어의 연금술(鍊金術, alchemy)

사람의 마음은 시시각각 변화무쌍한 감정의 기복이 많은 만물의 영장이라고 하지만, 사계절 피고 지는 꽃처럼 현혹하는 미색의 아름다움까지 잠재해 있을까 하는 생각을 해보는『담쟁이 붉게 익었다』시집에서 우려내는 소박하면서도 강인하며 강인하면서도 부드러운 화자의 심상을 세세하게 성토하는 뜻글이 연연마다 함유되어 있다. 시(詩)속에 우려내는 감성의 물결에 꽃배 띄우고 싶은 음유시인의 시가(詩歌)는 이 한 권의 시집 속에서 내재한 울림이 진하게 다가온다.

How poor, how rich; how abject how august; how complicate, how wonderful is man- 인간은 얼마나 당당하고, 얼마나 복잡하고, 얼마나 멋진 존재이냐는 Edward Young의 야상시와 영생에 관한 작품이 어필이 되는 것은 왜일까, 시인의 숨길 수 없는 삶의 짙은 향기와 이상적인 추구는 지금도 사막의 오아시스를 꿈꾸듯 서연하도록 아름답고 고독한 자기만의 절창이 광활한 우주 속으로 울려 퍼지듯 담쟁이라는 가장 흔하면서도 민중들이 외면하는 넝쿨식물에 대한 관찰력에서 놀라움을 금치 못한다.

음유시인의 칭호를 받을 만한 제2시집 출간은 오랜 세월 동안 곰삭히고 익히면서 퍼내고 퍼내어도 밑바닥까지 헹구어내지 못하는 시인의 유영하는 춤사위처럼 가슴 언저리에서 앙금처럼 피어오르는 한 줄기 빛, 바로 그 빛의 운무가 시적 화자의 보석 같은 동기부여라 생각한다. 한 편 두 편, 편편마다 영혼의 속살이 환히 내다보이는 순수하고 담백한, 그러면서도 한 치의 오차 없이 담담하게 서술하는 시인의 마음자리 이다지도 아리고 시려오는지 모른다. 고독하면서도 거룩한 시의 세계를 꽃피우는 문학정신은 아직도 시퍼렇게 살아 꿈틀거리고 있다. 죽어도 죽어지지 않는 불사조의 생명력처럼 말이다.

남한강 북한강이
천 리 물길 흐르다
혼자는 외로워서
하나로 만났구나

너와 나처럼.

—「두물머리」 전문

두물머리란, 두 갈래 이상의 물줄기들이 한데 모이는 강의 끝자리를 일컫는 말이다. 일단 단어부터가 사색의 창(窓)을 노크하는 듯 생각을 부여하는 인생사에서 가장 접목되는 대목이라 많은 이들이 즐겨 찾는 장소이기도 하다. 시인의 작품을 접할 때, 그림 같은 상상의 세계가 눈앞에 어른거릴 만큼 두물머리는 익숙하면서도 갈증 나는 목마름까지 채워주는 단어이기도 하다. 류인순 시인의 두물머리 간결하고 단아한 시편 속에서 전해오는 묘한 울림은 마디마디 흐르는 강물처럼 찰랑찰랑 물결이 요동을 치고 있다. 굳이 설명하지 않아도 독자들이 공감하는 부분이 일치되고 있지 않을까 하는 생각이다. 남한강 북한강, 혼자는 외로워서 하나로 만났구나! 너와 나처럼…. 어떤 수식어도 필요 없을 정도로 사람 사는 세상이라 고독의 갈림길에서 너는 너대로 나는 나대로 흩어져 갈지라도 결국은 하나로 융화되어가는 두물머리 시편이다.

겨울 한파 몰아쳐
온 가슴 꽁꽁 얼어
죽을 것만 같았는데

내 안에 단비 내려
새순 돋아나는
연둣빛 봄이 오네요

그래서 또 이렇게
숨 쉬고
한세상 사나 봐요.

—「산다는 건」 전문

이 시편을 몇 번이나 관찰하다 보면 문득 떠오르는 구절이 있다. 우공이산(愚公移山) 우공이 산을 옮긴다는 뜻으로 다른 사람이 보기에는 어리석은 일처럼 보이지만, 한 가지 일을 끝까지 심취하고 최선을 다하면 어떤 고난과 시련도 거뜬히 이겨낼 수 있으며 자신을 위한 시험 무대에서 성취하는 그날까지 유유자적(悠悠自適)하면서 초연한 삶을 영위하고자 하는 시편이라 하겠다. "산다는 건" 겨울 한파에 죽을 것만 같아도 내 안에 단비 내려 연둣빛 봄이 오고 그래서 힘든 고비도 넘기며 한세상 살아가는 화자의 묵시록 같은 작품이 못내 아득하면서도 내면에 불어오는 시린 바람소리는 왠지 쓸쓸하다.

까닭 없이 외로울 때
생각나는 사람이 있다

마음속에 담으면
한 잔의 차가 되는 사람

닿을 듯 닿지 않는
그대와 나 사이

먼 훗날 그날엔
우리 만날 수 있을까.

—「차를 마시며」 전문

음유시인 류인순 시인의 차(茶) 마시는 습관은 일상의 범주를 넘어선 경지에 도달하였다고 본다. 일반적인 사람들이 흔히 음미하는 커피와 차의 의미와는 전혀 다른 세계의 차 문화를 즐감하는 편인지도 모른다. 시와 가장 밀접한 관계 구성과 문학도에게 떼놓을 수 없는 차의 향기가 시를 통하여 역력히 드러나 있다. 까닭 없이 외로울 때? 아무런 연유도 없이 문득 틈새로 떠오르는 그 무엇이 바로 감성을 자극하는 차라는 모티브(motive)가 생성되는 중요한 관점의 표적이 될 것이다.

자고로 언어 온도를 좌지우지하는 시인의 감성 가슴은 시도 때도 없이 밀려오는 무채빛 그리움의 바다를 유영하는 은빛 물결의 반란인지도 모른다. 먼 훗날 그날엔 우리 다시 만날 수 있을까? 아련한 말없음표로 마무리를 고하는 시인의 가슴에 차를 통하여 속 시원히 해법을 말해주고 있다. 존재하면서도 밀어내고 밀어내면서도 다시 존재하고자 하는 미로 속에서 한 생을 담담하게 표류하는 외딴섬처럼 말이다.

겨울 차가운 땅속
무던한 기다림 끝에
봄 밀어 올리는 그대

맑은 햇살이 키워주는
가녀린 모습
곱디고운 하얀 별

찬바람 속에서도
언 가슴 녹여주는
그대는 얼마나 뜨거울까

내 가슴 햇살로 피는
너도바람꽃
벌써 봄이 환하다.

—「너도바람꽃」 전문

시인이 사유하는 바람꽃의 의미와 실제 명명하는 이름은 여러해살이풀에 속하며 혹자들은 회오리바람이 일어날 때 먼 산 먼지까지 휩쓸어 날려서 구름처럼 뽀얀 형태로 피어나는 물체를 바람꽃이라 독자들은 익히 알고 있을 것이다. 시에서 바라보는 견해는 특별한 의미가 부여

되는 것 같아 몇 번이고 시의 속살을 해부해 본 결과, 혹독한 겨울 한파에도 인내하고 견디어서 목마른 기다림 끝자락에서 봄을 맞이하는 비유와 상징성에 무게를 둔 것인지도 모른다. 바람꽃처럼 언 가슴 녹여주는 그대의 사랑은 얼마나 뜨거울까? 하는 희망 사항을 화자의 의식 속에 활짝 갠 봄의 환영을 그려낸 건강한 활력소를 불어주는 탄탄한 시편이 너도바람꽃의 탄생이다. 시인의 넉넉하고 배려심 많은 마음이 겨울과 봄 사이에 대칭되는 시선을 시로 승화시키는 작품이 아닌가 싶다.

다음 시편들에서 만나는 시의 세계도 자연과 야생초의 노래가 시절 인연을 산수화처럼 수놓아가는 듯 물빛 풍경으로 인도하는 듯 고혹적이다. 「그날의 바닷가에서」「조팝나무꽃」「민들레」

각기 화자의 의도는 다르지만 일목요연한 그리움의 빛깔은 대동소이(大同小異)하면서도 순백하고도 아름다운 봄의 전령사를 만나듯 사뭇 진지하고도 의연한 시편의 깊은 심연 속에는 오금이 저리도록 마알간 하늘빛으로 꽃물 들이듯 형형색색 자기만의 목소리가 매우 심중 깊이 젖어들고 있었다. 제 1부에서 마지막 갈무리 작품을 소개한다.

계절 알람에
농익은 색색 단풍
하나둘 잎 떨구어

칼바람 맞설 채비 하고

가로수 은행나무
춤추는 소슬바람에
파르르 떨며
노란 보석 떨구고 있다

비단 같은 억새
겨울바람에 꺾일세라
낭창낭창 온몸 흔들어
다이어트 시작하고

가을은 보따리 싸서
떠날 채비 한창인데
어느새
겨울이 힐끔거리니

내 영혼 뜰 안엔
온기 채우려
햇볕보다 따뜻한
너를 들여놓는다.

—「겨울 채비」 전문

계절 알람에 째깍째깍 잘 길들여진 낙엽의 아우성이 맵싸한 이미지로 전달이 되는 시편이다. 화자의 온화

하고 감성이 짙은 성품에서 느껴지는 아우라가 엿보이는 시편이 고스란히 접목된다. 심청사달(心淸事達)의 뜻글에서처럼 마음이 맑으면 모든 일이 더욱더 순조롭게 잘 이루어진다는 것이다. 시인이 추구하는 삶의 가치관 그 자체가 맑고 청정하여 언어를 다루는 내면의 향기 또한 감성이 출중하여 대나무처럼 곧은 절개를 직면하듯 어떤 시련과 어려움도 결코 포기하거나 쉽게 좌절하지 않는 특별한 기개(氣槪)가 시인 정신의 단초 역할을 한다고 해도 과언이 아니다. 계절 알람에/ 농익은 색색 단풍 /하나둘 잎 떨구어/ 칼바람 맞설 채비 하고… 어느새 겨울이 힐끔거리니/ 내 영혼 뜰 안엔/ 온기 채우려/ 햇볕보다 따뜻한/ 너를 들여놓는다. 로 종지부를 깔끔하게 찍는다. 시(詩)와 시력(詩歷)의 힘이 더욱더 완충작용을 하는「겨울 채비」는 언 가슴 녹여주는 훌륭한 모티브(motive) 역할을 하고 있다.

시(詩)의 맛과 멋을 누구보다 잘 우려내는 명품요리사처럼 음유시인의 칭호에 걸맞은 화자의 시의 세계는 진주 남강 강물 소리가 잔잔하게 클래식 음악처럼 가슴을 파고들었다. 영혼의 깊은 두레박을 퍼 올리듯 서정의 선율 또한 음색이 예사롭지 않아 자신만의 동일성(self-identity) 형성과정들이 곧 우리네 인생길이 아닌가 한다. 언어의 불씨는 무언의 행위이며 정신세계의 태양광인지도 모른다. 한 편 두 편 마디마디 편편마다 주옥같은 메시지가 함유되어 있어 쉽게 접근하다가도 누구나 근접할 수 없는 경지에 도달한 내공의 힘이 탄탄하다. 현대 시는 화자들에게 지적자산(知的資産)이면서 시각적(視覺的) 심상으로 접근하는 논리성이 함축되어 있다.

류인순 시인의 시편들은 어느 것 하나 흠잡을 데 없이 서정성과 감성의 격조 높은 구사력을 탐색하고 있는 점들이 매우 눈길을 끌고 있다. 흔히들 난해한 시와 풍자시, 신앙시, 사랑시, 즉흥시, 등에 관점을 두고 작품을 구사하지만 류인순 시인의 시론은 실크로드 길처럼 막힘이 없고 거침없이 달려가는 야생마의 질주처럼 담담하고 그만의 정체성을 꿋꿋하게 중심을 지키고 있어 제2시집 『담쟁이 붉게 익었다』에서 이미 담론을 내는 것이 아닐까?

해 뜨고 달 뜨고
천년 바람 속에서도
묵묵히 자리 지키며

뼛속까지 시려오는
혼자라는 외로움에
곁눈질로 익은 사랑

손 내밀어 닿는 곳
밤낮으로 곁에 서서
서로 상처 보듬으며

간절한 마음 맞닿아
뗄 수 없는 운명으로
하나가 된 사랑이여.

—「연리지」 전문

연리지(連理枝)를 주제로 쓴 작품이니만큼 곁가지를 모두 내려놓고 오로지 외줄타기 사랑의 곡예를 하듯 애달픈 연모의 정이 돈독한 시편이다. 하나는 외로워 둘이라는 글귀처럼 그들이 함께 걸어왔던 시간이 징하게 묻어나는 모습이 클로즈업되는 것은 왜일까? 오랜 시간이 흐르고 흘러갔어도 여전히 그 사랑은 그 자리에서 도돌이표로 맴돌아 가야 하는 숙명이 아니던가. 두 나무가 서로 얽히고 설키어 하나가 된 슬픈 사랑의 이야기처럼 아름답고도 슬픈 메아리가 시편 속에 고스란히 담겨 있었다. 해 뜨고 달 뜨고/ 천년 바람 속에서도/ 묵묵히 자리 지키며

간절한 마음 맞닿아/ 뗄 수 없는 운명으로/ 하나가 된 사랑이여…. 로 여운을 남기는 대목들이 구구절절 아리고 쓰라리다. 주어진 운명 앞에 시혼으로 불러보는 마지막 송가인지도 모른다.

봄날 희망 하나 안고
가파른 담벼락
밤낮 쉼 없이 오르네

삶의 길
고지를 향해 묵묵히
오르고 또 오르네

한여름
뜨거운 열기 세찬 폭우
악착스레 견뎌내고

이 가을
붉게 익은 그 모습에
뜨거워지는 내 심장.

—「담쟁이 붉게 익었다」 전문

이 시편은 음유시인 류인순 시인의 제2시집의 하이라이트 격인 제목에서 눈길을 확 끌었던 의미심장한 주제가 이 한 권의 시집 속에서 세련되고 농익은 삶의 가치를 한층 더 고조시키면서도 담담하게 걸어온 인생 여정을 작품을 통하여 숙성시키고 있다는 생각이 든다. 가향 문학 공간 쉼터 블로그 등을 통하여 작품활동을 왕성하게 하였으며 전국매일신문, 인천신문, 위클리 서울 신문과 수년 동안 지역신문 33건 이상 추천 시로 기사화되었으며 마음 빨셈 외 32건 이외에도 전국각지 온라인을 통하여 음유시인의 팔색조 시적화자(詩的話者)의 맥을 명명백백하게 연결시키는 구심

점 역할을 하고 있다는 점들이 자랑스럽고 (사)세계문인협회의 이사, 문학세계 교육위원다운 면모를 충실히 지키고 있는 여류작가의 멋진 결과물이다.

「담쟁이 붉게 익었다」 시편은 지난해 성남 저널에서도 기사화가 된 눈길을 끄는 수작이라 하겠다. 화자는 왜 하필이면 가장 평범하면서도 지독한 인내와 끈기, 혹독한 생명력을 가진 담쟁이를 주제로 제목을 선정하였을까 하고 곰곰이 생각해 볼 만한 작품이라는 확신이 섰다.

담쟁이넝쿨은 벽돌 담벼락이나 나무 등을 타고 자라나는 포도과의 식물로 알려져 있다. 그러나 평범하면서도 강인한 정신력은 그 어느 식물보다 뛰어난 생명력과 건강 지킴이인 약효도 뛰어나다는 사실이 더욱더 관심도가 깊다. 골절 치료와 당뇨병 개선, 혈액순환, 방광 증상 완화 항산화 효과 등 그 밖에도 여러 가지 만병통치약이라 할 만큼 민간요법으로 처방되는 담쟁이넝쿨 식물에 시인의 깊고 수려한 뜻글이 포함되어 있으니 얼마나 진귀한 성분이 사람들에게 흥미를 주는가에 대하여 숙연해지기도 한다. 시인의 탁월한 선택에 큰 박수를 보내고 싶다.

류인순 시인의 인생철학 중 지피지기(知彼知己)라는 문구가 떠오른다. 적을 알고 나를 알면 백전백승이라는 뜻으로, 타인뿐만 아니라 자신을 정확히 이해하고 인생에서의 도전에 임하는 지혜를 돈독하게 행하는 것이니만큼 시인의 위풍당당한 시의 세계 또한 그 누구

도 근접할 수 없을 것이라는 생각이 든다. 그만큼 시와 인생은 일맥상통(一脈相通)한다는 뜻이다

비비추 보랏빛 향기
삼복더위 즈려밟고
여름 뜨락에
꽃대 올려 빗장 풀었다

진초록 잎 사이
관심 받기 힘들어도
수수한 모습으로
싱그런 향기 품은 꽃

하늘이 내린 인연
곱디고운 그대 닮아
내 가슴 온통
보랏빛 행복 물들이고

여름 한가운데 서서
비비추 나팔 불며
매미 울음소리
조곤조곤 줍고 있다.

—「비비추 보랏빛 향기」 전문

시인의 생활 속 삶의 향기가 고스란히 드러나는 순수서정이다. 심성이 누구보다 여리고 감성적인 면면들이 섬세하고 맑아서 조금만 생채기를 내어도 금방 상처가 되는 비비추 꽃잎을 닮아서일까? 대부분이 삶의 편린(片鱗)들이 함께 묻어나는 우리네 인생을 노래하는 아름답고도 고독하고 고독하면서도 쓸쓸한 인간애의 진면목들이 가슴을 후벼 파고 있다는 점들이다. 괴테의 글 중에서 "눈물 젖은 빵을 맛 본 자가 아니면 인생의 참된 맛을 모른다." 는 어록처럼 자신에게 주어진 일이든지 타인에게 받은 아픈 상처일지라도 얼룩진 상흔으로 남는 것은 마찬가지다.

자신이 아무리 올바르게 진솔한 마음으로 살아가고자 함에도 세상은 녹녹치 않는 장애물이 있고 자신의 의지와는 다른 일들이 허다하게 생기기 마련이다. 「비비추 보랏빛 향기」 시편에서는 오로지 서정과 낭만을 바탕으로 시인의 여유롭고 감상적인 언어의 빛을 잘 발산하고 있다고 본다. 하늘이 내린 인연/ 곱디고운 그대 닮아/ 내 가슴 온통/ 보랏빛 행복 물들이고/ 여름 한가운데 서서/ 비비추 나팔 불며/ 매미 울음소리/ 조곤조곤 줍고 있다. 하고 단언을 내린 점들이 매우 인상이 깊다고 본다. 시인의 내면세계가 비비추 꽃잎처럼 눈부시게 피어나고 있음이 역력히 내포되어 있어 앞으로 더욱더 밝고 아름다운 미래가 기대되는 시인이다. 제2부에서「잠 못 드는 밤」「모닝커피」「달팽이 사랑」「비와 그대」, 「시계꽃」, 등의 서정시 속에 시편만 감상하여도 쉽고 편하게 접근할 수 있는 언어의 열린 주제가 독자들에게 안식의 사유 속으로 인도하고 있어 굳이 설명하지 않아도 좋을 감미롭고 풍요로운 작품이라 생각한다,

쉽게 알 수 없는
미로 같은 길 뚫고
그대에게 가는 길

앗, 이런
잠깐 한눈팔아
경로 이탈했네

정신 줄 다시 잡고
재탐색해서
앞만 보고 달려가는

나의 최종 목적지
사랑하는
그대에게 가는 길.

—「내비게이션 전문」

음유시인 류인순 시인이 추구하는 내비게이션 시편은, 한세상 살아가면서 수많은 시행과 착오를 겪으며 경험 속에서 얻은 삶의 철학을 이입시키며 써 내려간

성찰의 진리를 다시 한 번 상기시키는 작품이라 유추해 본다. 시는 바로 자신의 분신이자 자화상이라고 명명하고 싶다. 생각이 깊고 내공이 출중한 시인이 표현하고 싶은 중년의 삶, 표상이 아닌가 싶다. 내비게이션을 통하여 간결하고 단아한 인생길로 인도하는 시인의 이정표는 이미 정해진 목표설정이다. 쉽게 알 수 없는/ 미로 같은 길 뚫고/ 그대에게 가는 길/….잠시 한눈팔아/ 경로 이탈했네/…. 정신 줄 다시 잡고/ 재탐색해서/ 앞만 보고 달려가는/ 나의 최종 목적지/ 사랑하는/ 그대에게 가는 길– 이미 주사위는 던져졌다고 본다. 아무리 내비게이션의 역할이 아무리 정확하다 하여도 잠시 정신줄 놓으면 다른 길로 접어들어도 최종 목적지는 그대에게 가는 길이라 단정을 짓는 대목이 분명하고 확고부동하다. 시인의 정해놓은 인생 내비게이션은 탄탄대로 실크로드 길이기를 염원하고 싶다.

갈바람 불면
가슴팍 숭숭
바람 소리 난나고 했지

텅 빈 가슴
진한 에스프레소 한 잔에도
마음 말랑해지는 곳

상처 난 옹이에

단풍 다붓이 내려앉아
살살 어루만져 주고

솔바람 창아한 노래에
구름도 쉬어 가고
바람도 머물다 가는 곳

오색 물결 춤추는
가을 숲속 카페에
내 니 울 줄 알았다.

—「내 니 올 줄 알았다」 전문

매우 눈길을 끄는 주제라고 본다. 화자가 써 내려간 어법대로 내 니 올 줄 알았다. 얼마나 숨가쁘게 다가오는 단어인가? 이미 화자는 안개 속에 머물고 있는 그대가 올 줄 알고 있으면서 막연하게 기다림의 까치발을 묶어두고 있는 듯 안타깝고 애석한 그리움의 덫이 투망에 잡힌 것처럼 속이 후련하게 느껴짐도 화자의 마음 한 자락에 내포되는 내면의 울림이다.

성공은 행복을 여는 열쇠가 아니다. 행복이 성공을 여는 열쇠다. 당신이 하고 있는 것을 사랑하면 당신은 성공할 것이다.(Success is not the key to happiness is the key to success, If you love what you are doing, you will be successful) 시인의 성공궤도는 분명 자아 성찰의 확고부동한 마음가짐에서 우러나는 행복 추구인지도 모른다. 시 한 편에서도 깔끔하고 단아한 성품이 엿보이고 사물 하나하나 빈틈을 놓치지 않고 의연하게 언어의 속살을 해부하는 예리하면서도 단호한 시적묘미(詩的妙味)가 독자로 하여금 감동을 줄 것이라 믿어 의심치 않는다. 텅 빈 가슴/ 진한 에스프레소 한 잔에도/ 마음 말랑해지는 곳/ 상처 난 옹이에/ 단풍 다붓이 내려앉아/ 살살 어루만져 주고/ 구름도 쉬어가고/ 바람도 머물다 가는 곳/ 그곳에 내 니 올 줄 알았다 문구처럼 시인의 마음도 함께 단풍잎처럼 꽃물로 흥건히 적셔버렸다.

3. 고요하면서도 은밀하고 참신한 비유의 순수서정(純粹抒情)

음유시인 류인순 시인은 경남 진주에서 출생하여 주로 진주 남강을 배경으로 유연하고 담백한 시인 정신을 토대로 흑과 백의 논리가 정연(靜淵)하고 때로는 연약한 꽃잎처럼 여리면서도 대쪽 같은 선비정신도 묻어나는 조선의 버선코 같은 날이 선 도도함과 백합 같은 순결함과 카라 꽃 같은 선명한 이미지를 골고루 갖추고 있는 팔색조의 유희를 끝없이 연마하는 여류시인이다.

문학세계로 등단하고 수십 년의 세월 동안 꾸준하게

쌓아 올린 시의 길은 반들반들하게 잘 닦여지고 있어서 흠잡을 데가 없다.

현실적이면서도 미래지향적인 면모를 갖추고 있어 참으로 신선하고 흔들리지 않는 문학정신의 도도함이 누구보다 더 빛나 보인다. 시인은 천 마디 말보다 글로 표현하는 것이 작가정신의 표상이다. 묵언수행(默言修行) 하는 수도자처럼 가끔은 침묵 속에서 그만의 시 세계를 한껏 표출하는 비법을 간직하고 있는지도 모를 만큼 작품세계도 선이 분명하여 독자들에게도 시원한 사이다 맛을 느끼게 하고 있다

이 세상 소풍 나와
지나는 길목마다
낚싯대 길게 뻗어
수 없이 낚은 욕심

바닷가 백사장에 앉아
낚싯줄도 미끼도 없이
빈 낚싯대 드리우고
쉼표 하나 찍으며

걸머쥔 욕심 풀어
깊은 바다 수평선 너머
하나둘 날려 보내

툭툭 비워 낸 자리

대낮에도 눈부시는
별 하나 건져 담으니
아,
이게 바로 천국이구나.

—「바다에서 별을 낚다」 전문

음유시인 류인순의 시를 조작하다 보니 중국에서 가장 화려한 계보를 가진 강태공의 발자취가 문득 클로즈업 되는 것은 왜일까? 중국 신화에 따르면 강태공은 원시천존(元始天尊)의 마지막 제자라고 한다. 강태공의 낚시질은 세상 사람들이 다 아는 이야기이지만 중국사상 최초로 임금이 몸소 벼슬을 하사한 선비요 모사(謀士)로 된다. 하여, 공자는 중국 신화시대의 명인 허유와 강태공을 논하면서 허유는 육신만 수련한 사람이지만 강태공은 자기 몸을 수련함과 아울러 천하에 좋은 일을 한 사람이라 높이 평가할 만큼 기인임에는 틀림이 없다.

류인순 시인의 「바다에서 별을 낚다」에서도 강태공 못지않은 재주와 탁월한 끼의 발산은 가히 따를 자 있을까 하는 의문점이 들 정도로 수려하고 넉넉한 품새가 이 작품을 통하여 감지할 수 있다. 시는 누구나 자유롭게 쓸 수 있지만, 누구나 쉽게 접근할 수 없는 사정의 세계는 바다에서 별을 낚을 만한 감수성이 깊고도 오묘하다는 뜻이다. 빈 낚싯대 드리우고/ 쉼표 하나 찍으며// 걸머쥔 욕심 풀어/ 깊은 바다 수평선 너머/ 하나 둘 날려 보내/ 툭툭 비워 낸 자리… 그 어떤 미사여구(美辭麗句)도 필요 없을 만큼 시의 농도가 예사롭지 않다는 뜻이다. 강태공과 음유시인의 낭만주의자가 맞불 작전하여도 충분한 작품이다.

한 때는
사랑으로 왁자지껄
행복한 네 모습에
비 오나
눈 오나
묵묵히 지켜주었건만

하나둘
꿈 찾아 떠난 뒤
덩그러니 남아
바라보는 동구 밖
하루해 길기만 한데

한번 떠난 넌
쉬 돌아올 줄 모르네.

—「빈집」 전문

빈집이란 제목 속에서 왠지 모를 황량함과 동시에 추억의 앤솔로지(anthology) 같은 뜻글이 내포되어 있다. 시인의 가슴에 오롯이 묻어나는 빈집 풍경, 서연하고 황량한 기운이 감돌면서도 세상사 일체유심조(一切唯心造)의 마음자리가 작품 속에 고스란히 담겨 있다고 본다. 인간 세상의 모든 것은 마음이 지어낸 것을 의미하기 때문이다. 간결하면서도 한 편의 시극 같은 이미지가 묻어나는 쓸쓸함이 고독한 절창을 노래하는 시인의 간절한 연모(戀慕)가 시편에서 구구절절 강물처럼 풀어가고 있다. 사람은 누구나 한번 태어나서 한 번은 떠나가야 할 숙명 앞에 의연하게 대처하는 법을 배우고 있다. 한 때는/ 사랑으로 왁자지껄/ 행복한 네 모습에/ 비 오나/ 눈 오나/ 묵묵히 지켜주었건만…. 시절인연(時節因緣) 앞에는 모든 일 내려놓고 살아가야 하는 귀로에 서 있는 이방인인지도 모른다는 초연한 자세가 쓰라린 인생 질곡이 아닌가 싶다.

만나야 할 인연은
먼 길 돌고 돌아서도
끝내 만나더라

정말 그렇더라
인연의 힘은
장벽도 소용없더라

한 줄기 지나가는
그냥 그런
바람인 줄 알았는데

그대 고운 이름으로
내 영혼 울창한 숲에
자분자분 들어와

오색실 한 땀 한 땀
정성 다해
튼실하게 수 놓더라

인연은
가시덤불에 걸어놔도
끝내 꽃 피우더라.

—「인연의 끈」 전문

굳이 그 어떤 수식어도 필요치 않을 만큼 시어 속에 모든 바람과 기다림 운명, 피할 수 없는 만남의 고리가 아포리즘(aphorism)화 되어 함축적인 형식으로 담담하게 그려내고 있는지도 모른다. 흔히들 말하는 인연(因緣)의 끈이란 사람과 사람 사이의 연분을 맺은 천생연분(天生緣分) 속 화자는 하늘이 미리 정해준 만남, 즉 운명적인 인연으로 매듭을 짓고 있다. 사람이 사람을 만나서 뜨거운 사랑으로 관계 설정을 하였지만, 인연의 끈이 끊어지고 다시 연결되는 자연스러운 타당성은 사람의 힘으로 인연법을 거역할 수 없다는 사실을 시인은 이미 터득하고 있는 듯하다. 초로의 연륜을 살아오면서 이미 달관의 경지에 도달함도 막연한 그리움의 대상이 아니라 기정된 사실을 성토하는 반증법으로 단락을 짓는 작품임을 증명한다. 마지막 연에서 인연은/ 가시덤불에 걸어놔도/ 끝내 꽃 피우더라.

몇 번이고 시의 속살을 해부해 보아도 백리마음(百里馬心)이라, 백리는 달리는 말처럼 깊고 강인한 사랑의 깊은 뜻을 말함이다.

제3부에서는 계절과 단상을 현실 속에서 화음을 이루는 시 세계가 시인의 뜨락에서 정화되고 있다고 본다. 류인순 시인은 시와 작사가로도 쏟아 붓는 열정에너지는 수준급 이상 중견 문인의 출중한 면모를 골고루 갖추고 있는 음유시인이다. 시집 상재는 물론, 음반 앨범도 인정받을 정도로 작가로서의 재능은 흠잡을 데 없다. 제2시집 서평을 위하여 시인의 시편 속에서 몇 날 몇 밤을 가슴앓이 했다. 그만의 세상, 시인만이 꿈꾸는 실낙원(失樂園) 무릉도원(武陵桃源)이 특별하다는 뜻이다. "희망은 영혼 속에 깃든 새의 깃털이며, 말없이 노래를 부르고, 결코 멈추지 않는다." ("Hope is the thing with feathers that perches in the soul and sings the tune without the words, and never stops at all")

하늘에 솜사탕 띄우고
두물머리
눈으로 당겨 보는 곳

한 손으로 가려지는
저 아래 세상에서
아옹다옹 덧없어라

솔가지에 오도카니
뜬금없이 앉은 공룡
쉬어가라 속삭이네

생방송인 삶의 무대
지휘자도 연주자도
오롯이 내 몫인데

달음질하는 시간 속
쉼표 하나 찍고 가자
인생은 긴 여행이다.

—「양평 형제봉에 올라」 전문

시인은 20여 년 동안 시인의 올곧은 길을 도도하게

걸어온 스마트하고 영혼이 아름다운 음유시인이다. 류인순 시인의 창작력은 상상의 나래뿐만 아니라, 무의식 속에서도 용트림하는 무한도전의 열정이 식을 줄 모른다. 누구보다 산과 자연을 사랑하고 사색의 창(窓)에서 자신이 누리고 있는 낭만의 가객(歌客)을 강조하는 대목들이 아직도 자신을 누구보다 사랑하고 아끼며 청운의 세월을 헛되이 보내지 않음이다. 여느 중년들처럼 희희낙락하거나 수다스러운 잡담을 들어본 적이 없었다.

언제나 한결같은 모습으로 단아한 우아하고 고운 자태를 간직하는 이유도 카라꽃 같은 자아 성찰의 면모가 시를 통하여 빈틈없이 서술하다 보니 감히 흠잡을 데 없이 탄탄한 시적화자의 길로 자연스럽게 뿌리를 내리고 있는 것이 아닐까 싶다. "양평 형제봉에 올라"에서 관철해보면 경기도 양평 국수역에서 형제봉을 거쳐 청계산에 올라서 보면 한강기맥 줄기가 참으로 서연할 정도로 기개가 있고 형제봉에서 부용산을 가르는 길목에 자리하고 있음이 증명이 된다. 시인의 산맥에는 어떤 기류가 흐르고 있을까? 하고 언어의 중심을 펼쳐보면 담백하면서도 한 편으로는 연약하고 섬세한 서정성이 꽃과 나비처럼 시인의 곁을 맴돌고 있다. 인생은 긴 여행길이라 하지만 화자는 생방송인 삶의 무대를 지휘하고 연주하는 최상의 주인공 역할을 하는지도 모른다. 류인순 시인의 마지막 인생 무대까지 주연

배우로 등극하면서 백년대계(百年大計)를 계획하고 만리장성을 쌓고 있을 법하다.

음유시인 류인순 시인의 제2시집 시의 세계는 각 16편의 구성으로 5부까지 일목요연(一目了然)하고 논리정연(論理挺然)할 정도로 깔끔하고 군더더기 하나 없이 작품마다 자신만의 개성 있는 목소리로 주제가 뚜렷하여 해설을 쓰기에도 정법대로 작품 그 자체의 성분을 요소요소에 골고루 유추시키는 참모습들이 참 좋았다. 골고루 잘 어우러진 언어의 향기가 봄날의 축제장처럼 언 강물 녹이듯이 번지고 있으며 시인만의 몰입된 서정성이 한껏 가미가 된 자연풍광들은 청산리 벽계수도 쉬어가는 듯 황진이 수진이 해동진이를 총동원하는 작품들이라고 본다. 청산리 벽계수야 쉬이 감을 자랑 마라, 일도창해하면 돌아오기 어렵나니 명월이 산에 가득하니 쉬어간들 어떠리. 황진이 시조를 읊어보듯 류인순 시인의 시에는 가락이 있고 짙은 음감이 심장을 두근거리게 하는 울림은 그만이 헤아릴 수 있는 중년의 물굽이에 배를 띄우고 노를 저어가는 회한의 발자취가 아닌가 싶다.

가을 설악산 중턱
울산바위 가는 길
숲에서 만난 돌탑 하나

하나둘 그 누군가
비밀스러운 소망
아슬아슬 쌓아 놓았네

인생길 길목마다
수 없이 낡은 욕심
비우고자 떠난 그날

켜켜이 쌓은 소망
묵직한 돌탑 위로
또 다른 소망 올라가고

툭툭 비워 낸 자리
아뿔싸,
욕심 하나 또 담았네

비밀스러운 나의
작지만 큰
그 무엇보다 간절한.

—「숲에 두고 온 비밀 」전문

류인순 시인의「숲에 두고 온 비밀」한 자락 꺼내 보니 우화 같은 신비스러운 산 숲의 비밀 이야기들이 우르르 쏟아져 나왔다. 산을 좋아하고 자연을 늘 가까이

하며 살아온 시인의 담백하고 아름다운 시의 향기가 이 한편의 작품으로도 충분히 가늠할 수가 있었다. 설악산 산행 중 아무도 눈길 주지 않았던 돌탑을 만나서 이런저런 인생사를 주거니 받거니 하는 화자의 묵상 길목 위에는 왠지 모르게 비집고 들어갈 틈새조차 주어지지 않는 무언의 메시지가 담겨 있다는 것을 감지한다. 끝 연을 강인하게 매듭을 지었던 "툭툭 비워 낸 자리/ 아뿔싸,/ 욕심 하나 또 담았네/ 비밀스러운 나의/ 작지만 큰/ 그 무엇보다 간절한…. 미련을 두고 있다는 뜻이다. 지혜로운 자는 자신을 이기는 법을 누구보다 잘 알고 있다.

음유시인 류인순 시인의 자아 성찰의 수련기(修練氣)가 생각이 난다. 자신에게 가장 훌륭한 스승은 결국에는 자기 자신임을 가장 잘 알고 있으며, 자신만큼 자신을 격려하고 공경하고 사랑하는 이는 그 어느 곳에서도 존재하지 않음을 시인은 익히 터득하고 있을지도 모른다. 끊임없이 떨어지는 물방울들이 결국에는 바위를 부숴버리듯이 온유하고 잔잔한 서정성과 감수성의 밀도 또한 시인의 예지력(藝智力)에서 비롯된 것으로 생각한다. 그만큼 시인의 내적 화자는 탄탄한 내공이 뿌리내리고 있다고 본다.

한라산자락 돌고 돌아
서귀포 계곡을 지나

세상사 뭇 사연 담아
바다에 몸 풀러 가는 길

시냇물로 졸졸 흐르다
어이쿠,
갑자기 벼랑 끝
사정없이 툭 떨어지네

온 정신 아득하고
심장 쿵쾅거리는데
하얀 비단 내린다며
환호성 지르는 그대여

어제도, 오늘도
먼 훗날 그날까지 변함없을
내게로 다시 와요
그대 쉼 필요할 때.

—「정방 폭포」 전문

정방 폭포(正房瀑布) 시편은 화자의 마음 한 자락을 쏟아지는 폭포수 길 세월의 물굽이 속으로 거슬러 올라가 다시 회상(回想)의 언덕을 더듬어 가고자 함이 아닐까 하는 생각이 든다. 제주도 서귀포시 동남쪽에 있는 폭포로서 대한민국 명승 제43호로 지정된 경관이

빼어나고 천지연과 천제연폭포와 함께 3대 폭포로 정평이 나 있는 저명한 장소이기도 하다. 류인순 시인이 제주도 여행지로 정한 또 다른 이유가 있을 법하게 느껴지는 것은, 일반 폭포와 다른 의미가 숨어있다고 본다. 인내천금(忍耐千金) 인내는 천금과 같다는 뜻으로 참을 수 있는 한계를 넘어서면 어떤 시련과 어려움 속에서도 꽃을 피우고 인생의 도전과 시련을 극복하고 결국에는 가치가 있고 아름다운 결과를 얻을 수 있다는 것이 시인의 삶 속에서 각인된 바 있다.

시냇물로 졸졸 흐르다/ 어이쿠,/ 갑자기 벼랑 끝/ 사정없이 툭 떨어지네….

온 정신 아득하고/ 심장 쿵쾅거리는데/ 하얀 비단 내린다며/ 환호성 지르는 그대여/ 어제도, 오늘도/ 먼 훗날 그날까지 변함없을/ 내게로 다시 와요/ 그대 쉼 필요할 때….

이 얼마나 간절하고 아름다운 일인가 말이다. 스스로 강해지려는 정방 폭포의 물줄기처럼 자강불식(自强不息)하는 시인의 여리고도 강인한 인생 여정이 뚜렷하게 나타나는 작품이다.

스스로 강해지려고 끊임없이 노력하면서 자신을 위로하고 최선을 다하는 내면의 원동력이 애처롭기까지 하다. 음유시인 류인순 시인의 마지막 연에서 그대 쉼 필요할 때 내게로 다시 와요. 그날까지 변함없을 마음을 정방 폭포 속에 한없이 속울음 토해내고 있음이 역력히 드러나 있다. 눈에 보이지 않는 것보다 마음에 보이지 않기가 더 어려운 것이거늘 시인의 지혜롭고 단아한 생활상처럼 어제보다 오늘이 오늘보다 빛나는 내일이 기다리고 있다는 사실이 확고하다고 외치는 구원(構怨)의 메시지인지도 모른다.

꽃 피고 새 울어
봄인가 하고
꽃단장하고 나섰더니
그새 봄꽃 지고

갈수록 짧게 느껴지는
봄 봄 봄
나른한 긴 하품 끝에
또 스치듯 달아난다.

—「봄날은 간다」 전문

시란, 화자의 마음을 대변하는 영혼의 거울이라 하겠다. 작품 편수마다 시인의 삶과 이입되는 생활신조, 존재의 자화상이 그려져 있으며 내용의 참신성과 언어의 화법 등에서 많은 공감대를 형성하고 있다. 시인의 「봄날은 간다」에서 허무주의적인 황량함까지도 전해오는 간결하고 여유로움까지 스며드는 시편이다. 공수래

공수거(空手來空手去)라는 어원처럼 우리네 인생길 어찌 보면 참으로 쓸쓸한 귀거래사(歸去來辭)의 여운이 감도는 것 같다. 전원과 자연 속에서 함께 어우러지는 삶의 극치를 노래하고 있는지도 모른다. 음유시인 류인순 시인 역시 낭만 가도를 끝없이 달려가는 자유로운 영혼임에는 틀림이 없다.

꽃 피고 새 울어/ 봄인가 하고 /꽃단장하고 나섰더니/ 그새 봄꽃 지고/ 갈수록 짧게 느껴지는/ 봄 봄 봄 /나른한 긴 하품 끝에 /또 스치듯 달아난다. 음유시인의 칭호가 무색하지 않을 만큼 봄의 여정을 심도 있게 풀어가니 영과 육이 안식처가 되리라.

차 한잔에 추억 타서 마시며
서로 안부 묻고 무탈함을 알리고
눈빛만으로도 통하는
진실한 친구가 있어서 좋다

시간의 흐름도 잠시 붙들고
학창 시절 별명에도 깔깔웃음으로
한없이 수다 떨어도 흉 될 것 없는
언제나 편안한 사이

살다가, 힘들 때
마주 보는 미소만으로도
서로에게 위안이 되고

손 내밀어 용기를 주는 친구

긴 밤 지새워도 좋을
친구와 수다는 삶의 청량제요
내 영원한 젊음이 거기 살아 있어
세월 흘러도 마음은 청춘인 까닭이다.

—「친구」 전문

죽마고우(竹馬故友)라는 뜻글이 생경하게 나타난다. 유년 시절부터 허심탄회하게 속내를 털어놓으며 성장하는 과정까지 함께 동행하는 절친을 말함이다. 류인순 시인의 '친구'라는 존재는 살아감에 있어 소중하고 귀한 존재임을 확연하게 표현하는 시편이다. 시인의 시편에서 우려내는 시의 화자를 살펴보면 친구와 친구 사이에 믿음과 신뢰를 바탕으로 서로 믿고 의지를 하는 버팀목 같은 존재를 말함이다. 붕우유신(朋友有信), 삼강오륜(三綱五倫)의 유교 사상에서 인륜을 말함이니 얼마나 아름다운 벗을 칭함인가? 차 한잔 마셔도 그냥 좋고 안부를 묻고 수다를 떨어도 흉허물이 없는 사이가 바로 친구가 아닌가. 나이가 들수록 친구라는 단어는 보배로운 선물이 될 것이라는 단언을 시편에서 말해주고 있다. 긴 밤 지새워도 좋을 친구 사이는 천금을 준들 바꿀 수 있을까 하는 대목들이 잘 표현하고 있어서 좋다.

4. 오감(五感) 시각, 촉각, 미각, 후각, 청각 등을 자극하는 언어의 연금술사

시인의 시적 연륜은 강산이 몇 번이고 변하고도 남을 만큼 세월의 무게도 만만치 않음이 역력히 나타나는 시간 속 여행지로 독자들을 자연스럽게 몰입시키고 있다. 시인의 사명감 넘치는 인생 가치관에는 절차탁마(切磋琢磨)하는 작가정신으로 연마하여서 묵묵히 세파를 헤쳐 나간다 해도 과언이 아니다. 코로나 팬데믹으로 인하여 암울하고 침잠하였던 여건 속에서도 시의 열정 꽃을 피워내고 있는 음유시인 류인순 시인의 미래가 사막의 오아시스처럼 활짝 열리고 있다고 본다. 세상사가 흉흉하고 어지러울 때일수록 청빈하고 수려한 정신력을 기르고 이 시대를 자생력으로 타파하는 지혜로운 통찰력과 정체성(Identity)을 기르고 있는 시인의 뚜렷한 주관은 크게 손뼉을 칠 일이라 생각한다. 시인에게는 시가 인생이자 자신의 대변하는 유일무구(唯一無垢)한 존재 의식이 특별하다고 본다.

마지막 부에 접어들며 영혼의 꽃을 피우는 언어의 속살을 조심스럽게 열어보고자 한다. 총 80여 편의 시편에서 무수하게 갈고 닦은 흔적들이 리트머스 종이처럼 스며들고 있다. 자신의 작품에 대한 애착과 애환, 고독한 절창까지도 시인은 속내를 시로 표현하며 그 어떤 시류에도 휩쓸리지 않고 담담하고 당당하게 자신만의 창작 세계와 심

오한 사상을 잘 조절하고 있음이 역력하다. 시의 궁극적 목적은 신성(神性)이 되는 것이며 자연의 존재와 상실된 무의식의 세계를 다시 이끌어 올리는 무한대의 괴력이 존재하고 있다. 날카로운 직감력과 내재한 상상력을 총동원하여 언어의 미학을 한층 더 고조시키는 시인의 예술적 더듬이는 예사롭지 않았다. "시의 맛과 멋을 내는 타고난 끼" 동감을 하며 구원의 힘을 빌어보고자 한다

마음 맑아 좋은 날엔
한 옥타브 높게 그려
푸른 하늘 날아보고

마음 흐려 힘든 날엔
한 옥타브 낮게 그려
쉼표 하나 찍어 본다

아름다운 선율 속에
숨겨진 엇박자는
화음으로 조율하고

도돌이표 없는 인생길
이왕이면 오늘도
고운 음표 그려 넣자.

—「내 마음 오선지」 전문

류인순 시인은 작사가로도 알려진 바 있다. 2023년에는 문학세계문학상 작사 대상 수상을 하였으며 작사 글도 탄탄한 저력을 자랑하고 있는 음유시인이다. 「내 마음 오선지」 작품 속에는 절로 흥과 가락이 화음을 이루고 있다. 아무 말 하지 않아도 좋은 함축된 표현들이 오선지 안에서 유희하고 있으니 얼마나 훈훈하고 넉넉한 일인가? 시인의 나르시시스트(narcissist)적인 신조가 뒷받침해 주고 있지 않을까 하는 의구심도 들 만큼 자신을 사랑하고 자신에게 연민이 강인하며 공과 사를 잘 분별하여 상대에게 전혀 피해를 주지 않는 깔끔한 성품 또한 작품을 통하여 잘 전달되고 있다. 시가(詩家)를 통하여 오선지에 자신의 감성까지 표출하는 시인의 마음은 어떤 빛으로 물들일까 사뭇 궁금해진다.

> 이건 비밀인데
> 너한테만 말할게
>
> 아무한테도
> 절대
> 말하지 마!
>
> —「비밀 해제」 전문

참 흥미로운 작품이다. 짧으면서도 단아한 표현력,

단시조 같으면서도 자유시 형태의「비밀 해제」쉿, 곁에서 말하는 품새처럼 맛깔스럽고 해학적인 시편이라 하겠다. 아무에게도 말하지 마! 반전의 효과까지 전달이 되는 재미있는 요소들이 눈길을 끈다.

한 때는
커피잔에 달콤하게
설탕 넣었는데

살다 보니
입에 쓴 아메리카노
뗄 수 없는 친구네

달콤하든 쓰든
이젠 모두 아는 맛
바로 인생의 맛이네.

—「아메리카노」전문

시인의 유일한 글벗이자 향유하는 길벗 같기도 한 아메리카노 커피 시 한 편으로 모든 것을 농축해서 성토한 작품이다. 한때는 달콤한 설탕도 넣어보았고 이것저것 경험해 보니 모두가 아는 맛, 인생 맛이라는 화자의 커피 예찬이 이 시대 커피 애호가들에게 일침을 주는 커피 철학일지도 모른다. 시인에게 커피는 영원을 약속하는 그리움의 세계까지 함축되어 있어 더욱더 친밀도가 높고 이채롭다. 커피는 악마와 같이 검고 짙으며 지옥과 같이 뜨거우며 천사와 같이 순수하고 사랑처럼 달콤하다는 말이 있다. 그만큼 현대인에게 커피는 생활화가 되어있다고 본다. 류인순 시인의 커피 사랑은 선을 넘어서고 있다고 생각해도 넘치지 않을 정도로 커피는 친구 같으면서도 연인 같은 은밀하고 달달한 그리움의 대상이 아닐까 싶다.

새해 첫날 받아 든
한해 삶을 그려야 할
빈 도화지 한 장

날마다 알록달록
수많은 이야기로
틈 없이 채워왔네

분홍빛 시작으로
빨강 노랑 파랑까지
그 틈새로 회색도 하나

12월 징검다리 건너
새로 열릴 생방송 무대
더 고운 색 채우려면

곱디고운 장밋빛 물감
하나 더
서둘러 준비해야겠다.

—「12월 끝자락에서」 전문

우리가 한세상 살아가면서 시련과 역경을 이겨내려면 수많은 시행과 착오가 곁들어 있어야 비로소 성숙한 인간애가 형성이 된다고 본다. 파스칼의 생각하는 갈대를 보라 낭만과 서정을 앞세우고 대견하도록 의젓하게 견뎌내는 갈잎의 노래는 짙은 감성이 폐부 깊숙하게 똬리를 튼다. 12월의 끝자락에서 화자는 한 해의 이정표를 도화지 한 장에 그려놓은 채 숱한 이야기로 쏟아내고 있으니 함축된 작품 속에 젖어 드는 담담하고 서연한 시어들이 못다 채운 그리움의 여백까지도 빼곡히 쌓여가고 있다. 어찌 보면 맑은 수정알처럼 청아하고 고운 물빛 투명 거울 같기도 하고 한 편으로는 냉철한 사고 관념의 끝자락에서 떨고 있는 철학자의 모습이 클로즈업되고 있다.

음유시인 류인순 시인의 시의 세계를 몇 번이고 탐독하면서 고해의 바다를 노 저어가는 이방인의 모습이 떠올랐다가 신기루처럼 사라지는 환영을 만나는 계기도 되었다. 아름답고 고운 심성을 가진 여류작가의 이면에는 시를 쓰지 않고는 건조한 삶을 영위할 수 없을 정도로 글 쓰는 일이 화자에게는 일상에서 빼놓을 수 없는 존재가 되지 않았을까 하고 반문을 해본다. 곰삭히고 다시 녹여낸다 해도 시인의 동여맨 봉숭아 꽃물 같은 지독한 연민을 헹구어 낼 수 있을까? 화자만의 시와 오아시스(Oasis)를 그리워하면서 음유시인 류인순 시인의 영원한 안식처이자 영혼의 집, 파라다이스(paradise)를 조각하고 있다고 단언하고 싶다.

이 한 권의 시집을 발간하기까지 십여 년의 세월이 흘러갔고 비대면의 슬픈 역사의 한 페이지를 장식하는 코로나 후유증까지 슬기롭게 극복한 시대적인 영웅이 바로 음유시인 류인순 시인과 그의 작품세계이지 싶다.

인간세상의 모든 생명체가 살아가는 방식은 천층만층 구만 층이다. 그동안 잘 살아온 공덕(功德)과 인덕(仁德) 미덕(美德)을 거울삼아 더욱더 멋진 언어를 빚어내어 만인의 등불이 되는 훌륭한 음유시인의 행보에 응원과 박수를 보내고 싶다.

문학세계대표작가선 1018

담쟁이 붉게 익었다

음유시인 류인순 제2시집

인쇄 1판 1쇄 2024년 5월 10일
발행 1판 1쇄 2024년 5월 23일

지 은 이 : 류인순
펴 낸 이 : 김천우
펴 낸 곳 : 문학세계 출판부 / 도서출판 천우
등 록 : 1992. 2. 15. 제1-1307호
주 소 : 서울시 광진구 구의강변로 85 강우빌딩 7F
전 화 : 02)2298-7661
팩 스 : 02)2298-7665
http://cafe.naver.com/chunwu777
E-mail : cw7661@naver.com

값 25,000원

ISBN 978-89-7954-929-4